_____ 님에게

詩라는 그릇에 담긴 말들이
지상의 어두운 그늘을 밀어내고
따뜻한 동행이 되고자
이 시집을 드립니다

년   월   일

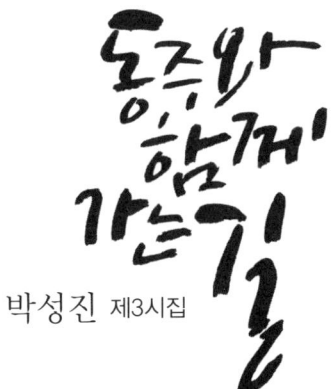

박성진 제3시집

시인의 말

―

윤동주를 처음 만났을 때
하늘을 만나고
땅을 만나고
부끄러움을 만났습니다

윤동주를 두 번째 만날 때는
또 다른 하늘과
또 다른 땅과
또 다른 일상을 만났습니다

윤동주의 시혼을 통해
다시 태어나는 나
다시 태어나는 우리
하늘을 우러러 한점 부끄럼이 없기를

2024년 6월 초하에
시인 **박성진**

박성진 시집 / **동주와 함께 가는 길**

시인의 말

제1부
동주, 한 사나이의 길

아픈 얼굴	12	빛나는 별	19
별 헤는 밤	13	암흑의 시대에도 독서광	20
세상에 살아있는 생명들을 위하여	14	모국어로 시를 쓴 시인	21
		연희전문의 별	22
불사조가 된 동주	15	12월의 절필 속에서	23
동주의 이름표	16	졸업 기념시집	24
캄캄한 밤하늘에 빛이	17	슬픈 비는 내리고	26
동주, 한 사나이의 길	18		

제2부
동주의 조국

시의 길	30	윤일주 동생에게	37
그리움의 별	31	라이너 마리아 릴케	38
나의 참회록	32	동주의 바다	39
치욕스러운 나	33	동주의 가을	40
괜찮아 괜찮아	34	동주의 우물	41
일장기 앞에서	35	동주의 조국	42
동주의 고뇌	36	동주의 슬픔	43

제3부
달빛에 비추인 사나이

윤동주 문학관 46	일제강점기 시대 1　53
시인의 탄생　47	일제강점기 시대 2　54
그때는 남의 땅　48	후쿠오카 형무소　55
별은 동주의 벗　49	감옥에서의 고통　56
십자가 아래에서　50	형무소에 투옥되다　57
달빛에 비추인 사나이　51	시인이 되고 싶었던 동주　58
동주의 맹세　52	봄이 오면　60

제4부
후쿠오카 형무소에 피는 꽃

인왕산 바람 1	62	큰 별	69
인왕산 바람 2	63	나의 시도 부끄러워	70
십자가의 봄	64	바람의 몽상	71
후쿠오카 형무소에 피는 꽃	65	시는 휴머니스트	72
수인번호 645번은 봄	66	사랑의 운명	73
부활의 윤동주	67	갈대밭 숲속의 몽환	74
저항의 밤	68	나라의 큰 짐 진	76

제5부
달빛 속에 고독한 나

태양	78	산매화꽃	86
인왕산 별	79	감옥에 가둔 봄	87
내 청춘 부끄럽다	80	이정명 소설	88
잃어버린 35년	81	「별을 스치는 바람」	
구절초	82	봄 그리고 봄	89
달빛 속에 고독한 나	83	불사조	90
대나무여	84	바람소리 군화소리	91
별 헤던 청년아	85	닫는 시	92

평설

별의 시인 『동주와 함께 가는 길』의 해법   **엄창섭**   93

제1부
동주, 한 사나이의 길

아픈 얼굴

달도 아프고
별도 아프고
우물에 비추인 얼굴도 아프고

존재하는 것은
모두 아프고 쓰리다
동주가 산 세상이 그러하다

별 헤는 밤

도시의 불빛 속에서도
영롱히 빛나는 별들

그대가 꿈꾸던 별들이
한 세기를 넘어 더욱 빛나네

별빛 하나하나가
내 길을 밝혀주는 길잡이

삶의 무게 버거워도
희망의 빛은 용기가 되네

문명의 복잡함 속에서도
별을 보면 다시 힘이 솟네

그대의 별 헤는 밤
나의 별 헤는 밤 함께 꿈꾸는

세상에 살아있는 생명들을 위하여

지평선 너머로 달려오는 아침 햇살
땅 위의 작은 풀잎 하나의 노래 소리

하늘을 향해 자유롭게 날갯짓하는 새들
바다 깊은 곳까지 숨 쉬는 모든 생명들

피어나면 지지 않는 생명의 불꽃은
다시 생명을 잉태하며 끊임없이 이어져

시간 속에 서로를 안아주며 용기를 주는
이 땅의 모든 생명의 불꽃 영원하리

불사조가 된 동주

어둠 속에서 피어오른 빛
그대 동주여, 불사조여
꺼지지 않는 불꽃
영원히 타오르리
하늘을 가르며 날아오르는
찬란한 날개 어둠을 뚫고
슬픔과 고통을 날개에 달고
세상을 희망으로 물들이네
그대의 눈빛 불멸의 힘
우리의 심장을 두드리는 용기
영원히 우리 곁에서 빛나리라
끝없는 생명을 춤 추게 하리라

동주의 이름표

한 줄에 새겨진 이름표
이름 속에 숨겨진 수많은 이야기

풍랑 속에서도 꺼지지 않는 불꽃
시린 바람 속에서도 굳건히 선
나무 한 그루의 꿈이 담겨 있네

깊은 밤 홀로 지새우는 시
아침이 오면 빛나는 태양처럼
그대의 시 영원히 빛나네

한 줄기 우리의 길 밝혀주는
시간이 지나도 빛나는 그 이름

캄캄한 밤하늘에 빛이

모든 소리가 잠든 시간
무한한 공간을 바라보는 밤
별들의 속삭이는 이야기
그 속에 숨겨진 빛의 비밀

캄캄한 밤하늘이 보내는 신호
밤하늘은 희망을 품은
거대한 어머니의 품
희망을 잃지 말라 속삭이네

어둠 속에서도 빛이 되던 그대
나 지금 캄캄한 밤하늘에서
새로운 아침을 약속하는
소리 들으며 그곳에 가 닿으리라

동주, 한 사나이의 길

나라 잃은 시대에 태어나
말도 글도 빼앗긴 시대에 태어나
독립군들이 모여 살던
북간도가 고향인 시인
소학교 때 어린이 잡지를 읽으며
5학년 때 사촌 송몽규와
〈새명동〉 어린이 잡지를 만들며
문학 소년을 꿈꾸던 시절

사촌 송몽규는 동아일보 신춘문예에
꽁트「숟가락」이 먼저 당선되어
동주는 시쓰기에 더욱 매진하였으니
묵묵히 펜을 든 글 속엔 진실만이
문학이 되어 세상을 비추고 있다

빛나는 별

하늘과 바람과 별을 사랑한 시인
윤동주!
나 그를 사랑해서
그의 길을 따라가네
고요한 아침의 바다 건너 낯선 땅
외로움과 싸우며 고독을 견디며
펜을 들어 시를 쓰던 그대여
자유를 향한 갈망의 글
길을 잃지 않으려는 의지의 기적이
일본인을 감동시켜
일본 교과서에도 실린 시
이국의 땅에서 더 크게 울려 퍼져
역사의 변화 속에서도 사라지지 않고
자유와 평화의 노래는 이어져
불멸의 노래가 되고 있네

암흑의 시대에도 독서광

정지용 시인의 시집을
가슴에 안고 다니던 시인

붉은 줄을 그어가며
정독하던 시집

시 감상을 기록해 가며
사랑한 시집

백석, 영랑 시집도 좋아해서
한번 책을 잡으면 놓지 않던

새벽까지 세계전집을 읽던 시인

모국어로 시를 쓴 시인

일제의 신사 참배 강요에
자퇴하고 다른 학교로 옮기더니

반일反日계 학교를 찾아다녀도
내 나라말은 물론
성과 이름조차 쓸 수 없었다

모든 과목을 일본어로 가르치는 학교
모국어를 잃을까 봐
모국어로 시를 쓴 시인

모국어로 시를 쓴 것만으로도
동주는 애국 시인이다

연희전문의 별

1938년 21살 약관의 나이
아버지는 연희전문 의과대학을 권유
동주는 단식투쟁하며 문과에 입학
문학이 민족사상의 기초가 됨을 알고
자신의 길임을 통찰하여 선택했으니

캠퍼스엔 무궁화가 있고
국가 상징인 태극마크가 있는
민족적 정서가 살아있는 연희전문
우리말 조선문학을 강의하는 고향
문학 사랑엔 연희전문이 으뜸이라
동주의 배움터가 되었으니

동주의 애국심과 민족정신을 보게 된다

12월의 절필 속에서

1940년 12월
일본은 창씨 개명을 공포하여
1년여간 절필한 동주

겨우
'팔복', '병원', '위로'
3편의 시만을 쓴다

조국의 고통 속에서
시인이 할 수 있는 것은
시를 쓰는 것뿐

이때 훗날,
윤동주를 빛내 줄
정병욱을 만난다

졸업 기념시집

1941년 연희전문 4년
이때 쓴 명시

'서시'
'십자가'
'별 헤는 밤' 외
16편의 시를 쓰며 정체성을 찾는다

19편의 시를 묶어
졸업기념시집을 준비한다

표제 '하늘과 바람과 별과 시'
17부 한정판 시집 출간 예정

원고지에 3부를 베껴
1부는 이양하 교수에게
1부는 정병욱에게
1부는 자신이 보관한다

이양하 교수는
위험이 따를 수 있다며
출판을 보류시킨다

슬픈 비는 내리고

이 별에서 저 별로
강풍은 모질게 불고
비 오는 길목에서
같이 웃고 같이 젖으리라

고향에 돌아와
시집 발간을 시도했으나
경비 문제로 좌절된다

1941년 12월 27일
졸업을 며칠 앞두고
태평양 전쟁이 터진다

졸업 후 동주는
사촌 송몽규와
일본 유학을 떠난다

그러나
도항증명서를 발급받으려면
창씨 개명을 해야만 한다

동주는 눈물을 머금고
히라누마 도오쥬우
라는 이름을 달게 된다

잃어버린 조국의
뼈아픈 욕스러움을
시로 쓴다

시 '참회록'이다

제2부
동주의 조국

시의 길

아침이 오면 아침의 길
저녁이 오면 저녁의 길

길은 열려 있다는데
길은 닫혀 있습니다

길은 가야 길인데
길을 갈 수가 없습니다

길은 희망인데
길이 절망입니다

잃은 길을 찾아가느라
오늘도 시를 쓰며

동주가 가던 길, 나도 그
시의 길을 가고 있습니다

그리움의 별

윤동주의 별을 바라보며
그리움을 담아봅니다

검은 하늘에 빛나는 별 하나
별도 시가 되어 영롱히 빛납니다

어둠 속에서 잃어버린 마음을 찾으며
오늘도 그의 이름을 불러봅니다

그대가 전해주는 순수한 마음
그리움을 안고 별 같은 시를 씁니다

나의 참회록

마음속 깊은 곳의 고백
어둠 속에서도 빛을 찾는
고통과 회한의 외침

내가 걸어온 길에 남겨진
작은 실수와 큰 잘못의 후회들
고백하고 받아들이는 시간
순수한 영혼의 소리 들려오고
사실과 진실이 내게 속삭이며
내가 내게 용서하는 시간입니다

동주의 양심과 깊은 성찰
그의 시를 읽으며 나도
양심의 참회록을 써봅니다

치욕스러운 나

거울 속에 비친 나
마음 깊은 곳의 치욕과 마주하며
과거의 실수와 어리석음들이
나를 짓누르며 괴로움에 빠집니다

푸른 녹이 낀 거울을 바라보며
동주도 부끄러운 기억을 떠올리며
치욕스러운 자신을 용서하기 위해
시 속에서 위로를 찾았을까요

그가 전하는 진실한 후회
밤마다 녹슨 거울을 닦듯이
치욕스러운 나를 닦으며
시대의 빛나는 삶을 살고 싶습니다

괜찮아 괜찮아

어둠 속에서 길을 잃을 때
괜찮아 괜찮아
그의 시가 속삭여줍니다

바람이 다가와
구름을 거두어가면
태양은 다시 떠오르며

괜찮아 괜찮아
누구나 치욕 속에 사는 거야
누구나 실수하며 사는 거야

괜찮아 괜찮아
그 말을 위로 삼으며
내일을 향해 나아갑니다

일장기 앞에서

붉은 태양이
검은 하늘을 가를 때
일장기 앞에 선 동주의 가슴은
굳게 닫히고 입술은 침묵을 지킨다

조국의 슬픔과 민족의 아픔
울부짖는 조선의 영혼들
피에 물든 깃발 아래
조국의 자유는 숨을 헐떡인다

동주를 대신해 태극기를 흔들며
지금은 대한민국의 경제가
일본을 뛰어넘었으니
동주여 편히 눈감으소서

동주의 고뇌

밤하늘 별들의 숫자만큼
고뇌하는 수많은 생각들
영혼 깊숙이 새겨진 상처들

조국의 고통
민족의 슬픔을 안고
시를 쓰며 견디었습니다

동주의 고뇌는 우리의 고뇌
어둠 속에서 길을 잃고
빛을 찾아 헤매는 마음

당신의 순수한 영혼이
우리의 마음을 밝혀주어
지금의 대한민국 선진국입니다

윤일주 동생에게

당신의 형은
민족의 시인입니다
그의 빛나는 정신이
한국의 시인들을 존재케 합니다
당신도 형의 고통을 나누었지요
어린 시절의 추억을 생각하며
많은 밤을 울었을 것입니다
형의 시는 시가 아니요
민족의 빛이었습니다
고통 속에서 피어난
희망의 꽃입니다
우리 그의 길을 같이 갑시다

라이너 마리아 릴케

그는 밤하늘의 별을 보며
릴케의 시에서 위로받으며
릴케를 사모했습니다

고독과 사랑의 시인 릴케
삶의 진실을 담은 시에서
동주는 영혼을 맑게합니다

릴케의 순수한 사유 속에서
한 줄기 빛을 발견하며
별처럼 빛나고 있습니다

릴케의 시집 한 권
동주가 사랑한 모든 시들
우리의 마음을 씻어줍니다

동주의 바다

바닷가에 와서
동주의 바다를 떠올립니다

바다는 고독과 자유를 담은
그의 마음속 거울입니다

파도는 쉼 없이 밀려와
그의 생각을 씻어줍니다

바다는 슬픔을 삼키고
동주의 영혼을 어루만집니다

별빛 아래 춤추는 물결
바다에서 우리의 영혼도 씻어봅니다

동주의 가을

가을이 오면
동주의 마음도 깊어집니다

낙엽이 흩날리는 소리가
그의 시 속으로 들어갑니다

단풍이 물드는 산길을 거닐며
생의 순간들을 기록합니다

가을 하늘만큼 높고 맑은 고뇌
가을의 고독은 아름답게 빛습니다

가을밤 반짝이는 별빛이
그의 잠을 앗아갑니다

깊은 감성과 순수한 사랑이
그대로 살아 전해져옵니다

동주의 우물

깊은 우물 속을 들여다보면
마음이 보입니다

물결 위에 흔들리는
영혼의 그림자도 흔들립니다

우물 속에 보이는
밤하늘의 별빛을 잡으려
손을 뻗어봅니다

우물은 동주의 비밀을 간직한 곳
그의 진실을 담아내는 보석함
샘물 같은 시를 퍼 올립니다

동주의 조국

동주의 마음 깊은 곳에는
푸른 하늘 아래 펼쳐진
조국의 산과 들
강과 바다가 늘 있습니다

일제의 어둠 속에서도
잃어버린 자유와 평화를 그려
별처럼 빛나는 시를
또박또박 모국어로 썼습니다

조국을 위한 뜨거운 사랑
그의 고뇌와 눈물이
시로 피어나
우리의 가슴속에 녹아 흐릅니다

동주의 슬픔

나라 잃은 슬픔의 무게가
시가 되어 눈물을 흘립니다

민족의 한숨이
동주의 시에 들어옵니다

홀로 외로운 싸움이
시의 꽃으로 피어납니다

뜨거운 열망과 간절한 바람
나라를 찾고자 하는 마음

그의 슬픔은 바로 우리의 슬픔
슬픔 속에서 우리는 일어섰습니다

제3부
달빛에 비추인 사나이

윤동주 문학관

인왕산 자락
종로구 청운동 시인의 집
문을 열고 들어서면
동주의 숨결이 느껴진다
그곳은
순결한 한 사나이의 숨결과
영혼이 살아 숨 쉬는 곳
잃어버린 조국을 그리워하며
남긴 흔적들이 살아있다
그가 생전에 사랑했던 책들
원고지와 펜과 노트들이
그의 이야기를 들려준다
바람이 스쳐가는 창가에서
그의 추억과 기억이 웃고 있다
윤동주 문학관은
우리들 마음속의 성지
그의 진실과 순수가 빛나는 곳

시인의 탄생

1917년 12월 30일
중국 길림성 명동촌에서 태어났다
개신교 아버지 윤영석, 어머니 김룡
남동생 일주, 광주, 범환
여동생 윤혜원
외삼촌 김약연
고모 윤신영, 고모부 송창희
고종사촌 송몽규, 한복, 우규
명동소학교를 졸업하고
은진중학, 숭실중학을 거쳐 광명중학 졸업
연희전문 문과 졸업작품으로
'하늘과 바람과 별과 시'를 유작으로 남긴다
릿쿄대학 문학부 자퇴하고
도시샤대학 문학부 제적
1945년 2월 16일
후쿠오카 형무소에서 생체실험으로
27세에 옥사한다
생체실험 희생자가 되고 말았다

그때는 남의 땅

푸른 하늘 아래
자유롭던 평화롭던 조국이
길을 잃었습니다

산과 강
들과 바다가
모두 눈물을 흘립니다

남의 나라에서
공부하는 슬픔
나라를 잃은 아픔이 돋입니다

조국이여!
그대의 아들 동주가
대한을 빛내고 있습니다

별은 동주의 벗

별이 빛나는 밤
별은 동주의 친구
그의 별들도 고독합니다

별을 하나하나 헤아리며
그의 잃어버린
꿈과 희망을 소환합니다

슬픔과 기쁨을 나누던 벗
순수한 영혼의 소리 들으며
미래의 꿈을 담아봅니다

별 헤는 밤
그의 깊은 감성의 시
우리 마음속에서 반짝입니다

십자가 아래에서

모태신앙이 지켜준 믿음
어둠 속에서 빛을 찾아준
눈물 속의 순수한 신앙

어려운 시대에 태어나
의지대로 살 수 없었던 조국
주님의 사랑으로 견디었네

그의 영혼을 품어주신 주님
십자가 아래 무릎을 꿇고
그의 길을 밝혀주길 기도했네

달빛에 비추인 사나이

깊은 밤하늘 아래 홀로 서서
별빛마저 고요히 잠든 시간
그의 눈엔 슬픔이 깃들어 있네
방 한구석 희미한 등불 아래
세상의 아픔과 고독을 담아낸 글
그의 외로운 영혼이 흐르네

어둠이 짙게 깔린 일제강점기
달빛이 시인의 방에 스며들어
시 쓰는 일은 유일한 위안의 시간
외로움과 기쁨이 어우러진 노래는
문학이 되고 세상의 빛이 되어
영원히 우리 가슴속에 전해지네

동주의 맹세

하늘은 잿빛으로 물들고
조선의 땅과 하늘은 공포의 세상
울던 아이도 호루라기 소리에 멈추고
어른들도 숨을 고르던 시대
농민들은 곡식도 토지도 약탈당하며
오늘은 또 무엇을 뺏기려나
놀란 가슴 쓸어안는다
이 모든 것을 바라보는 청년은
하늘을 우러러 한 점 부끄럼이 없기를
가슴 깊이 맹세한다

일제강점기 시대 1

어두운 밤
길은 보이지 않고
별도 보이지 않는 시대

시대의 무거운 어둠이
청년의 가슴을 짓눌렀다

철창 안에서
자유와 평화를 노래하며
일제의 강압에 굴하지 않고

힘겨운 나날들을
조국의 목소리로 시를 썼다

저항의 불꽃들이 피어올라
영원히 빛나는 별이 되었다

# 일제강점기 시대 2

우리의 말과 글이 억압받고
조국의 이름도 쓸 수 없던 시대

끓어오르는 슬픔과 분노
삭이기 위해 펜을 들어 글을 쓴다

금지된 말들이 모여 시가 되고
시에서 민족의 영혼을 찾았다

잃어버린 이름과 나라
동주의 시에서 잃지 않았다

우리의 빛 우리의 영혼을
푸른 시에 숨기었다

후쿠오카 형무소

독립운동을 했다는 이유로
일본 감옥에 갇힌 운동주

차가운 철창 안에 갇혀
매일 꼭두각시놀음의 나날

잃어버린 자유와 평화
형무소 벽은 높고 두터웠다

어둠 속에서도 그의 영혼은
시를 쓰며 버티었다

형무소 벽을 뚫고 나간
그의 시가 세상을 울렸다

일제의 높은 벽 후쿠오카 감옥도
동주의 시를 가두지 못했다

감옥에서의 고통

어둠 속에서 들려오는 소리
생체실험의 잔인한 손길
육신을 괴롭히는 신음소리
조선의 청년들은 죽어갔다

피로 얼룩진 차가운 벽
자유와 평화를 갈망하는 고통
조국의 내일을 그리며
시의 끈을 놓지 않았다

생체실험으로 육신은 빛을 잃고
고통의 기억들을 담아내는 시가
감옥의 어둠 속에서도
불굴의 의지로 빛나게 되었다

형무소에 투옥되다

교토대학 재학 중
독립운동에 참여한 혐의로
일본 경찰에 의해 체포
후쿠오카 형무소에 수감되었다

신체적 정신적 고문
일경의 가혹 행위로 잃어가는 기억
공식적인 사인은 결핵으로 기록되지만
치료한 의사의 증언이
생체실험의 가능성이 제기된다

일제강점기 윤동주 시인을 비롯한
한국인들의 잔혹한 현실이었다

시인이 되고 싶었던 동주

어린 시절
동주의 눈에는
세상은 아름다움과 고통이
공존하는 것을 보았다

사촌 송몽규가 석 달 먼저 태어나
다섯 살까지 한 집에서 자랐다
동주는 문학에 재주가 있었고
다부진 몽규는 연설을 잘 했다

두 사람은 문학 소년의 꿈을 키우다
연희전문대에 나란히 합격하여
민족정신을 말살하는 일제 앞에
우리 문화를 지켜야 한다고 생각했다

몽규는 교토제국대학 사학과에 들어가
독립운동가의 길로 들어서고
동주는 릿쿄대학의 영문과에 입학하여
우리 글로 시를 썼다

우리말을 못 쓰게 하는 일본에서
우리말로 시를 썼다는 것은
독립운동과 같은 저항정신이며
한국인들에겐 잔혹한 과거사이다

봄이 오면

북간도 명동촌에서
바람 타고 오는 봄의 향기

눈 속에서 피는 꽃 복수초야
봄의 전령 생강나무야

노랑 저고리 봄옷 입고
꽃가마 타고 왔구나

지금은 남의 땅
멀고 먼 곳에서 온 동주의 봄이구나

제4부
후쿠오카 형무소에 피는 꽃

인왕산 바람 1

경치 좋고 볼거리도 많은
인왕산 둘레길

청운도서관에서 계단을 오르면
윤동주 문학관이 있다

내부에서 수직으로 난 통로
윤동주 시인의 영상을 만난다

시인이 재봉틀을 다뤘다는 걸
처음 알았다

연희대 재학 시 오르던 인왕산길
오솔길 거닐며 나도 시상을 떠올린다

인왕산 바람 2

바람은 인왕산에서 시작한다
바람은 내게 연분홍 리본을 달아준다
하나 둘 셋 차곡차곡 떨어진 꽃잎이
오늘은 일기장이 되었다
세찬 바람이 꼿꼿이 서서
바램이 된 날이다
아, 시는
봄이구나

십자가의 봄

십자가 길을 생각하며 만나는 야생화
민들레 제비꽃 아기똥풀이 봄을 순례한다
예수의 피는 인류의 죄 사함
동주의 십자가길 일경을 용서

봄이 오기도 전에 꺾인 꽃
예수의 십자가의 보혈이네

봄이 오면 꽃은 다시 피어나고
그대 시들도 꽃이 되어 피어난다

후쿠오카 형무소에 피는 꽃

후쿠오카 형무소엔
봄이 없다

80년 전
조선인 청년이 시를 쓰면서
봄이 돌아왔다

시는
봄이구나

수인번호 645번은 봄

푸른 수의가
푸른 하늘을 품어
감옥에서도 하늘을 난다

645번이
산매화냐
춘란이냐

북간도에도
매화꽃이 피어 방긋 웃는데
645번
푸른 수의는
시로 봄을 피우는구나

부활의 윤동주

바람이 감옥 창살을 부수고
별빛이 길을 내어주고
달빛이 손을 잡아주어
시인은 날마다 부활한다

잃어버린 조국을 위해
부모님을 위해
본향의 친구들을 위해
시인은 날마다 만나는 꿈꾼다

칠흑 어두운 조국을 향해
감옥에 갇힌 조선 청년들을 향해
생명을 가진 모든 것들을 향해
시인은 날마다 부활을 꿈꾼다

저항의 밤

조선의 산하에 군화 발소리
정적을 깨는 호루라기 소리
아이들도 울음소리 뚝!

젊은이들은 전쟁에 끌려나가고
아녀자는 위안부로 잡혀가고
재산과 곡식까지 바쳐야 했다

자유를 빼앗긴 조국이여
모든 것을 빼앗긴 조국이여

슬픈 역사의 현장에는
잡초들만 무성하고
시인은 살아도 사는 것이 아니었다

큰 별

사랑하고 꿈에 그리던 백석
큰 별이 동경하던 십자가
정화 선봉 키에르 케고르 등등

이제 별은 내가 동경하는 큰 별
잎새의 떨림도 큰 별의 손에 놓여있는
시대를 초월한 사랑의 서시가 되어
큰 북소리로 울려보리라

청년의 손에 들리어진 책
나의 손에 옮겨진 책
세상을 울리는 책을 쓰리라

나의 시도 부끄러워

시를 쓰는 순간 행복하다
머리에서 마음까지 다 토해 놓은
발끝까지 다 드러나 부끄럽다

참회록은 진정 참회이다
쉽지 않은 청년의 삶을 통해
우리를 끌어들인 생각

청년은 부끄러움을 토하며
가야 할 길을 결정한다

인왕산 청년을 통해
시인의 길을 발견한다

바람의 몽상

바람이 점점 세차게 불어와 팔에 꽂힌 주사기는 굶주린 야수 되어 혼을 빼앗으려 한다 이럴 때면… 북간도의 바람은 미풍이요! 황량한 들녘도 칠흑 같은 어두움도 바람처럼 지나가리라 자유를 갈망하는 언덕 위에 오늘도 그가 서 있다 늘 서 있는 이곳 언덕 위에서 별을 보고 다시 한번 다짐한다 아, 죽음도 사랑한 시인! 나의 조국 어머니 어머니 나의 어머니… 뜨거운 눈물은 흐르고 다시 한번 청명한 하늘 위 별을 본다 변함없이 수신을 보내는 별들, 너희들은 내 운명을 알고 있는가 나를 붙잡을 수 있는 힘은 다하여가고 나에게 힘을 주소서 감당할 수 없는 현실… 힘을 주소서 언덕 위에 부는 바람의 손 잡으며

시는 휴머니스트

그대 서 있는 언덕
임의 마침표
불멸의 자리

스스로 사랑이 되어 서 있는 곳
그 언덕 사랑으로 피어난 곳
봄 길 따라 올라간다

언덕에 오르면 행복한 숲
그리움은 커다란 산이 되었다

누군가 서 있는 인왕산
별을 보는 부활의 장소
언덕에 오른 사람은 모두
시를 닮은 휴머니스트

사랑의 운명

한 여인을 사랑했다
고백은 하지 못했다

친구에게도 여인에게도
회신 없는 사랑

쫓기듯 또 다른 고향으로
달려갈 사랑의 운명

십자가 앞에 허락받아
사랑한 사나이 순정

죽음이 다가오는 청년의 운명
사랑의 운명은 어찌하나

갈대밭 숲속의 몽환

휘영청 달 밝은 밤
갈대밭 숲속 길 걷는다
깊이 들어갈수록 키 큰 숲길
나 하나 너 하나 밤하늘 수놓은 별들
나만 아는 언덕길
나는 늘 서쪽 형무소를 빠져나와
몽환 속 자유를 갈망한다
별아!
달아!
소리쳐도 호루라기 소리 들리지 않고
하나님의 시종 가브리엘 천사도 내려와
환호하며 내 옆에서 포즈를 취한다
귀 잘린 고흐도 붕대 감고
내 손에 든 태극기
가브리엘과 함께 힘차게 흔든다
힘의 상징 가브리엘 천사의 행복한 미소
가브리엘 오른손에 든 우렁찬 나팔의 신호탄
강산을 뒤덮는 태극기의 물결
삼천만 군중이 일장기 밟는 소리

내 살과 뼈 흙 속에 묻어 풀 한 포기로 태어나
나답게 윤동주 손을 잡으리라
어머니! 그리운 어머니
이젠 한도 설움도 없어요
저를 밟아 주시고 밟아 주세요
이 아들을 자랑스럽게 보내주세요

나라의 큰 짐 진

하늘이여!
바람이여!
청년에게 너무 큰 짐 지워
그것이 안쓰러워
하늘도 바람도 빛을 보낸다
청명한 가을 하늘 붉어 눈이 부시다
나라를 짐 진 청년
거센 바람에도 물러서지 않는다
오똑한 콧날 총명한 눈빛
일자로 다문 입술
구국 위해 붓을 든 빛나는 별
엊그제 비둘기 지켜보던 순수한 청년
절절한 독립의 소망 담았다
독립만세 깃발 망설임 없이 가슴에 담아
겁 없이 청춘을 나라의 제물로 바쳤다
조국의 닫힌 문 크게 열린다
청년아!
밝은 빛 그대 머리 위에 비치리니
조국이 그대 이름 빛나게 하리라

제5부
달빛 속에 고독한 나

태양

후쿠오카의 태양은 검다
언덕 위에서 보던 태양은 사라지고
구름도 바람도 내 볼을 스치지 못한다
힘든 노역에 지쳐 잠든 나에게
바람도 구름도 별 하나까지
나의 것들을 빼앗아 간 일장기
공평하게 비추던 달빛
우물가의 사나이 초췌한 얼굴
태양아!
따뜻한 태양이 그립다
살아있는 눈빛이 그립다

인왕산 별

인왕산 자락의 비석 어루만지며
별의 아픔을 읽어내려가는 슬픔
쏟아지는 비에 서시도 울고 있다

거친 폭풍우 몰아치던 그 날
키에르 케고르의 십자가 끌어안고
큰 별이 지던 날 인왕산도 통곡했다

내 청춘 부끄럽다

가녀린 잎새의 떨림도 지나간
하늘도 걱정 없이 살라는 희망
청년이 보는 하늘은 늘 잿빛이다

그리움의 날들은 무엇인가
그리움은 만날 수 없는 그리움
온통 불투명한 창문은 꿈많던
청년의 꿈 가리운다

그대의 설움
나에게도 설움 되고 그러나
나는 너무 멀리 와 있다

무성한 잡초 속에 서 있는
나 또한 잡초이리니
이 땅의 청년들아 동주가 서 있는
언덕 위에 푸른 깃발 꽂자

잃어버린 35년

잃어버린 시간이 돌아왔다
경복궁의 나무 잎새도 푸르디 푸르다

근정전의 태극기는 힘차게 휘날리고
종달새도 지지배배 노래한다

35년 일장기는 잿빛이 되고
섬에 갇혀 외톨이가 되었구나

윤동주가 돌아와 보면 좋겠다
동주가 동주가 그립다

죽음마저 예시하던 임의 시가
2월 새벽을 잠 못 들게 한다

구절초

순결한 하얀 꽃
하얀 줄기 여린 꽃
여린 꽃은 청년의 꽃
아침이슬 무겁게 들며
물방울 속에 피어난 꽃
하얀꽃이 무거운 짐 지었다
이슬방울 달랑달랑 종소리
가을 해 질 녘까지 들려온다
가녀린 꽃 고운 사람아
청년의 머리 화관은 면류관
꽃마차 탄 청년은 시의 왕자
드라이 플라워 잘 간직하여
영상 만들어 지구촌에 띄우리라

달빛 속에 고독한 나

보름달이 고독하다
어둠 속 조국의 땅 환희 비추는
달은 그 이유를 알고 있다

나에게도 기적이 찾아왔다
다윗 같은 힘이 솟아오른다

국민의 자유 시인의 자유
십자가의 길이 눈부시다

멈출 수 없는 타오르는 항쟁
나의 항쟁은 나의 시의 길이다

내 몸과 살 찢고 나온 고독
선홍빛 나의 피 한 점 부끄럼 없기를

고독한 영혼의 뜨거운 기도
달아, 보름달아
너는 모든 걸 알고 있지

대나무여

키가 커도 구부리지 않는
곧은 절개 내 친구야

휘어질 수는 있어도
결코 꺾이지 않는 강직함

하늘 향해 변함없는
지조와 충성의 의지

튼튼한 화살을 만들어
일장기를 향해 불을 뿜는다

탄압을 향한 발사 준비
소나기처럼 쏟아지는 저항

별 헤던 청년아

뿌연 안개 속에서도
별을 찾던 청년 동주야

시멘트에 갇힌 발걸음
나설 수가 없구나

밤마다 습격하는 간수들
주사기에 눈동자가 흐려진다

지푸라기는 어디에 있느냐
고통을 막을 길 없구나

자유를 갈망하는 청년의 고통
어머니, 나의 고통은 고통도 아닙니다

산매화꽃

산매화꽃 몽글몽글 핑크 종
댕그랑 댕그랑 봄소식 알린다

날마다 부활을 꿈꾸는
달빛 속에 별빛 속에
빛나는 생명 담아 피었다

연분홍 산매화꽃 종종종
방울 달린 꽃종들

한라산에 핀 매화도 방긋
북간도에 핀 매화도 방긋

남루한 죄수복 입은 645번
기다리던 봄소식 받았나요

감옥에 가둔 봄

봄은 온다
후쿠오카 형무소에
한 청년이 그대를 기다린다

조국의 봄은 언제 오나
회색 벽 안에 갇힌 청년

이노~옴! 이놈들~
하늘이 무섭지 않느냐

너희들이 무슨 권한으로
동주의 봄을 가두었느냐

후쿠오카 형무소는
계절의 봄도 가두었다

이정명 소설 「별을 스치는 바람」

1945년 전쟁이 끝나고 간수의 독백
후쿠오카 형무소 인간 백정으로 불리는
특히 조선인 죄수를 혹독하게 다뤘던
지독한 검열관 스기야마 도잔은 까막눈
조선어로 된 책은 모조리 불살랐다
글을 쓰기만 하면 모조리 몽둥이찜질
그런데 죽은 스기야마의 간수복에
시를 적은 종이쪽지가 발견된다
히라누마 도조, 윤동주의 시 쪽지
시적 감성을 비아냥거리며
굴복시키려던 마음이 오히려 끌려간다
진정 펜은 칼보다 강하구나!
조선의 글을 모르던 일본 청년과
하늘 우러러 한 점 부끄럼 없던 조선청년
식민지 조선청년과 일본청년의 대결
비인간적이고 잔인한 스기야마는
진정 윤동주의 아름다운 시에 매료되었나
고문하는 자와 순수한 시인 수감자
시가 화해와 용서의 고리가 되었을까

봄 그리고 봄

별은 꾸짖어도 반짝인다
매를 맞아도 때리는 자를 바라보며
용서와 화해를 이끌어낸다
십자가의 봄을 보며
꽃처럼 피어나는 피
그의 피는 예수의 보혈의 피
인류의 죄를 사하고 있구나
청년아, 십자가의 봄을 보거라
사방 회색벽체에 가두어진 청년아
너의 청춘이 시들어도 시들지 않는
오, 별은 꾸짖어도 빛난다
매를 맞는 팽이는 더욱 잘 돈다

불사조

죽어도 죽은 것이 아니다
암흑 절정의 밤 깊은 곳
여기 부동의 지성 불사조가
봉황이 되어 끝없이 날아오른다

두만강을 건너 태어난 명동으로
시를 쓰며 책을 만들던 동심
연희대학 입학과 도지사 대학
세계인이 감동하는 시인이 되었다

바람소리 군화소리

쉿쉿쉭 칼바람 소리
착착착 헌병들의 군화소리
호르륵 호르륵 호르라기 소리

바람아 바람아 멈추어다오
언덕 위의 별들도
군화소리 호르라기 소리에 치를 떤다

악명 높은 소리들도 사랑한 청년
형무소 무거운 철문 소리까지
시의 힘이 진정 위대하구나

닫는 시

세상에 던져진 한 존재가
아침 햇살 쏟아지는 창문을 열고
깊은 호흡을 한다

봄이면 꽃잎으로 덮어주고
여름이면 무성한 수다를 달고
가을이면 단풍으로 단장하며
겨울이면 하얀 세상의 자연

사계의 푸르름을 영접한다

윤동주를 향한 수백 편의 시
『동주와 함께 가는 길』을 묶어
다시 세상에 내놓는다

피폐해져 가는 시대에
동주를 사랑하는 것만으로도
잠시 영혼이 맑아진다

▍평설

별의 시인 『동주와 함께 가는 길』의 해법
– 박성진의 시적 차별성과 그 매혹魅惑

엄창섭 (가톨릭관동대 명예교수, 『신문예』 고문)

1. 시적 감응感應과 동행의 상징성

지난 2019년 8월부터 11월 강원도 인제군의 「만해문학박물관」에서 〈항일 민족문학을 다시 읽다〉라는 주제의 인문학 콘서트가 문화체육관광부와 한국문학관협회 후원으로 일제강점기 항일민족 시인의 작품을 통해 인문학적 소양과 문학적 감수성을 높이며 마감되었다. 모처럼 8월에 오태영(동국대) 교수의 〈항일 민족문학의 문학사적 의미〉를 비롯해 김응교(숙명여대) 교수의 〈하늘과 바람과 별과 시-윤동주 시인을 만나다〉, 또 11월 평자의 〈소년아 봄은 오려니-민족시인 심연수〉의 주제 강연으로 '불꽃 같은 삶을 살다간 항일민족 시인 4인의 문학정신'을 확증하였다.

모처럼 그 자신의 빛나는 존재감을 지켜낸 끝에 간

행하는 박성진 제3시집『동주와 함께 가는 길』(책나라, 2024)의 편집 구도는 結결 고운 옷감처럼「제1부. 동주 한 사나이의 길(14편), 제2부. 동주의 조국(14편), 제3부. 달빛에 비추인 사나이(14편), 제4부. 후쿠오카 형무소에 피는 꽃(14편), 제5부. 달빛 속에 고독한 나(15편)의 보기와 같이 치밀하게 직조織造 된 71편이 비교적 단조로운 호흡으로 맞물려 있다. 그 나름으로 시집의 특이성은 마치 장자莊子의 '호접몽胡蝶夢'처럼 시적 화자가 윤동주 시인의 내면의식에 투사透寫되어 시적 형상화에 일체의 거부감 없이 개아적 동일화로 합일시킨 일례다.

도시의 불빛 속에서도
영롱히 빛나는 별들

그대가 꿈꾸던 별들이
한 세기를 넘어 더욱 빛나네

별빛 하나하나가
내 길을 밝혀주는 길잡이

삶의 무게 버거워도
희망의 빛은 용기가 되네

문명의 복잡함 속에서도
별을 보면 다시 힘이 솟네

그대의 별 헤는 밤
나의 별 헤는 밤 함께 꿈꾸는

– 시 「별 헤는 밤」 전문

생명성을 노래하는 위 시는 문명 속에서도 빛나는 상징적인 별이 되고 있다. 한편 동일 선상에서 진정한 동행은 '같은 방향을 응시하고 함께 비를 맞는 행위를 뜻하기에', 한국 근현대문학사에서 일제강점기의 대표적 민족 시인으로 생존 당시 시대적 상황으로 존재감이 베일에 가려졌던 북간도 용정태생의 윤동주(尹東柱, 1917-1945)는 『하늘과 바람과 별과 詩』(정음사, 1948)의 간행 직후에 세인世人의 이목을 끌었음은 주지할 바다. 마치 루마니아의 작가 게오르규(Constantin Virgil Gheorghiu)가 "시인의 마음을 아프게 하는 사회는 병든 사회임"을 밝혔음은 새삼 유념할 일이다. 아울러 개념도 불투명한 이념의 대립과 갈등으로 밝은 미래가 불확실한 시간대에서 지난 2022년 7월 22일까지 연세대학교 윤동주기념관의 〈백영白影 정병욱鄭炳昱 선생 탄생 100주년 기념특별전〉 개최는 시사적 의미가 지대하였다.

차제에 이 땅의 진정한 휴머니스트이며 창조적 영혼의 소유자가 비정한 이기주의로 치닫는 정황에서 민족의 울분을 순수서정의 꽃으로 형상화한 특정한 시인에 관한 시적 접근과 비교문학적 검증에 몰두한 박성진 시인의 시집 출간은 따뜻한 감성을 공감한 정신적 결과에 해당한다. 따라서 '시린 바람 속에서도 굳건히 선/ 나무 한 그루의 꿈이 담겨 있기에 "아침이 오면 빛나는 태양처럼/ 그대의 시 영원히 빛나네// 한 줄기 우리의 길 밝혀주는/ 시간이 지나도 빛나는 그 이름(-동주의 이름표)"의 일면도 그렇거니와 화자話者인 그 자신이

'캄캄한 밤하늘이 보내는 신호/ 밤하늘은 희망을 품은/ 거대한 어머니의 품'을 망각하지 아니하고 다시 내면의 식에서 소환召喚하여 "나 지금 캄캄한 밤하늘에서/ 새로운 아침을 약속하는/ 소리 들으며 그곳에 가 닿으리라(-캄캄한 밤하늘에서 빛이)"라는 기대감은 못내 절대적이다.

까닭에 일제강점기의 그 참담한 상황에서 '모국어로 시를 쓴 시인'으로 피가 뜨거운 열혈의 청년으로 '정지용 시인의 시집을 가슴에 안고 다녔던 별의 시인 윤동주는' "백석, 영랑 시집도 좋아해서/ 한번 책을 잡으면 놓지 않던// 새벽까지 세계전집을 읽던/ 독서광 윤동주 시인(-암흑의 시대에도 독서광)"의 보기에서 젊음의 한때를 '잃어버린 조국의 뼈아픈 치욕스러움을 시로 형상화'하며 끝내 민족 앞에 부끄러운 자신의 '참회록懺悔錄'을 스스럼없이 확증한 면모를 "1941년 12월 27일/ 졸업을 며칠 앞두고/ 태평양 전쟁이 터진다// 졸업 후 동주는/ 사촌 형인 송몽규와/ 일본 유학을 떠난다(-슬픈 비는 내리고)"라는 삶의 여적餘滴에는 비장감이 묻어있다.

특히 일제강점기의 민족시인 윤동주가 정병욱 교수에 의해 세인의 주목을 받은 것은『하늘과 바람과 별과 詩』(정음사, 1948) 유고시집의 간행 직후이다. 그 시집의 「서문」에서 정지용의 의중은 확인될 것이나 이처럼 "죽는 날까지 하늘을 우러러/ 한 점 부끄럼이 없기를" 갈망하는 〈序詩〉를 중심으로 빈도수 높게 사용된 '하늘, 바람, 별, 길, 밤'이라는 시어의 틈새 좁히기를 비교문학적 일면에서의 검토작업은 유의미하기에『동주와 함께 걷는 길』의 시집 간행은 지극한 삶의 잠언箴言이다.

모처럼 초 장르적으로 활동하는 그 자신의 천부적 재능에 견주어 시 짓기도 그렇지만 브런치 스토리 작가이며 칼럼니스트로 음악 작곡, 보석 및 예술 작품의 수집, 또 감정鑑定에 이르기까지 다채롭다. 다소 문학 외적인 문제이나 오랜 날 평자와도 시를 통해 소중한 연을 맺은 한국의 상징적 블로거 '꽃순이 배선희 시인'과의 조우도 그렇지만, 그 자신이 세계 180여 개국을 여행하며 희귀 보석을 수집하고 세계적인 박물관과 미술관에서 예술 작품을 감상하면서 스케치한 체험은 문학의 깊이와 넓이를 확장하는 역동성이다. 따라서 '영원한 청년!' 제2시집『동주를 노래하다(윤동주)』출간 이후, 제3시집 간행에서도 밝혀지듯 낮은 산자락의 들꽃에도 따뜻한 시선을 주는 '별과 길의 시인 윤동주'에 대한 지극한 관심사는 한층 더 감동적이다.

2. 후쿠오카(福岡) 형무소에 피는 꽃의 차별화

우리 근현대시문학사에서 그만의 차별성을 자리매김한 윤동주 시인에 관한 알맞은 정신기후는 유추類推될 것이나 시적 징표로서 고향의 개념은 고정된 공간의 개념에만 머물지 않는 정서적 양감이다. 그렇다. 윤동주 시인의 보편적인 시론은 '저항 시인론과 부끄러움의 미학론'이다. 그 자신의 시집에서 '부끄러움'이란 시어가 빈도수 높게 확인되는 현상에 있어 이것은 그의 시 세계를 구축하는 동력이며 모티프일뿐더러 "저항적이고 지사적 색채"라는 시적 경향의 특이성은 가늠할 점이다.
특히 북간도 출생의 윤동주는 조국 상실로 분노에 찬 지사들이 모이고 교회와 학교가 새로 형성되던 당시 인구 10만의 용정龍井에서 유년 시절을 보냈다. 천성이 맑고 고운 그 자신은 신작로를 걷다가도 시골 아낙들에게 따뜻한 말을 건네고 싶어하고 골목에서 노는 아이들이 귀여워 함께 씨름도 하는 순수한 영혼의 소유자며 진정한 휴머니스트다. 종종 들꽃을 가슴에 꽂거나 책갈피에 끼워 넣으며 "모든 죽어가는 것을 사랑해야지."라고 독백하는 다감한 품격의 실체로 가녀리고 연약한 것에 대한 세심한 그 자신의 지대한 관심은 하늘처럼 높고 깨끗한 품성에서 비롯된 것이다.

윤동주의 별을 바라보며
그리움을 담아봅니다

검은 하늘에 빛나는 별 하나
별도 시가 되어 영롱히 빛납니다

어둠 속에서 잃어버린 마음을 찾으며
오늘도 그의 이름을 불러봅니다

그대가 전해주는 순수한 마음
그리움을 안고 별 같은 시를 씁니다

― 시「그리움의 별」전문

각론하고 화자는 별 같은 시를 쓰며 동주와 동일시한다. 그것은 순수한 영혼을 닮고 싶은 시혼의 시이다. 그 자신의 시편 중에도 그렇거니와 동주의 양심과 깊은 성찰을 담은 그의 시를 읽으며 나도 양심의 참회록을 쓰는 그 자신의 시적 행위는 "순수한 영혼의 소리 들려오고/ 사실과 진실이 내게 속삭이며/ 내가 내게 용서하는 시간입니다(-나의 참회록)"라는 시는 진실한 고백이기에 충직한 이 시대의 독자에게도 '순수한 영혼의 소리'로 들려오는 것은 지극히 극명한 현상이다. 한편 그 자신이 '동주는 영혼을 관조觀照'하는 시적 해법도 "동주가 사랑한 모든 시들/ 우리의 마음을 씻어줍니다(-라이너 마리아 릴케)"에서의 보기나 연작시로 '한 편의 시가 눈물에 젖는 〈동주의 시편〉에 맞물린 '생명의 원천이며 영원한 모성母性을 상징하는 '조국을 위한 뜨거운 사랑, 고뇌와 눈물을 시로 형상화'야말로 "바다는 슬픔을 삼키고/ 동주의 영혼을 어루만집니다// 별빛 아래 춤추는 물결/ 바다에서 우리의 영혼도 씻어봅니다(-동주의 바다)"라는 시적 변명에서 그 존재감이 못내 빛남이다.

무엇보다 생명의 원천이며 지고지선至高至善의 표징인 하늘에 시적 상상력을 결부시켜 확장하면 "하늘과 바람과 별과 시"를 층위로 읊어낸 윤동주에게 "하늘"은, 기독교의 하나님과 동일한 종교적 대상이다. 그의 하늘은 사랑과 용서, 그리고 공의의 표징이며 "바람에 스치우는(序詩)" 별이 자리한 실재의 공간이다. 비교적 윤동주의 시력에서 1941년은 시 문학을 총결산하는 시간대다. 그 나름으로 문학성을 인정받는 대부분의 시편은 이 시기의 작품이며 또 시대 상황은 인류가 시를 외면한 시간대였다. 그 자신이 즐겨 응시하던 '하늘과 바람과 별'의 공간에 공습경보가 울리고 민족의 혼인 조선어가 말살된 암울한 분위기였으나 이 시대의 시인 중 천체天體나 기상학에 관심을 지닌 연유로 그의 시편의 별은 상징적 처리가 아닌 자연현상이다.

차제에 "일제의 어둠 속에서도/ 잃어버린 자유와 평화를 그려/ 별처럼 빛나는 시를/ 또박또박 모국어로 썼습니다(-동주의 조국)"의 시편을 통해 다시금 느꺼운 일화逸話의 감회랄까? 도시샤대학 문학부 재학 당시 어느 날 영문학과 교수 집의 회합에서 일본 친구의 말이 끝났을 때 "여러분은 목숨 바칠 조국이 있지만 내게는 그런 조국이 없다."란 울분에 젖은 윤동주의 절규도 그럴 것이나 그 자신은 시편 말미末尾에 천황의 소화昭和가 아닌 서기西紀로 기록하였듯 작은 것 하나도 소홀하게 지나치지 아니했다.

모태신앙이 지켜준 믿음
어둠 속에서 빛을 찾아준
눈물 속의 순수한 신앙

어려운 시대에 태어나
의지대로 살 수 없었던 조국
주님의 사랑으로 견디었네

그의 영혼을 품어주신 주님
십자가 아래 무릎을 꿇고
그의 길을 밝혀주길 기도했네

― 시 「십자가 아래에서」 전문

그렇다. 박성진 시인이 다소 의도적이나 윤동주 시인의 삶의 족적과 시편을 이처럼 조응하는 양상에서 〈十字架〉에 견주어 또 그 자신의 시적 이미지를 결부시킨 「십자가 아래에서」의 대비對比는 끝내 '생명 허락한 창조주께 십자가 아래 무릎 꿇고 그의 길을 밝혀주길 기도하는 경건성'은 또 다른 시적 다양성의 확장이다.

어디까지나 시집 목차의 〈제3부 달빛에 비추인 사나이〉에서 비록 '어둠 속에서도 그의 영혼은 시를 쓰며 버티었기에 끝내 그의 시가 세상을 안겨주었듯이' "신체적 정신적 고문/ 일경의 가혹 행위로 잃어가는 기억/ 공식적인 사인은 결핵으로 기록되지만/ 치료한 의사의 증언이/ 생체실험의 가능성이 제기된다(-형무소에 투옥되다)"라는 엄연한 사실은 참담한 심정이다. 까닭에 그 자신이 깊은 밤에도 견고한 고뇌 끝에 깊은 사유思惟를 거친 여백의 간극間隙 좁히기도 그럴 것이나 그 나름으로 집념이 강한 박성진 시인의 정신작업의 온전한 수행은 비장감이 묻어있다.

그렇다. 민족시인 이육사(본명 李源祿)의 대구형무소 수감 당시 수인번호가 '264'였던 점에 비춰 윤동주는 수인번호 645로 복역 중에 옥사하였다. 며칠 뒤 명동촌으로 날아온 전보電報는 '동주 사망, 시체 가져가라'였다. 모처럼 박성진 시인이 시적 상상력을 확장하여 윤동주 삶의 족적足跡에 걸맞게 서사구조(Narrative structure)의 측면에서 전지적 작가 시점으로 분할·통합하여 '출생→성장→사망(獄死)'을 원근조망법遠近眺望法으로 시집에 수록된 시 전편을 새롭게 형사形似 한 점은 이채롭다. 까닭에 시적 틈새를 좁혀가며 연보年譜격인 그 자신은 "1917년 12월 30일/ 중국 길림성 명동촌에서 태어났다/ 개신교 아버지 윤영석, 어머니 김룡/ 남동생 일주, 광주, 범환/ 여동생 윤혜원/ 외삼촌 김약연/ 고모 윤신영, 고모부 송창희/ 고종사촌 송몽규, 한복, 우규/ 명동소학교를 졸업하고/ 은진중학, 숭실중학 거쳐 광명중학 졸업/ 연희전문 문과 졸업작품으로/ '하늘과 바람과 별과 시'를 유작으로 남긴다/ 릿쿄대학 문학부 자퇴하고/ 도시샤대학 문학부 제적/ 1945년 2월 16일/ 후쿠오카 형무소에서 생체실험으로/ 27세에 옥사한다(-시인의 탄생)"에서 일체 긴장감의 끈을 늦출 수 없다.

또 한편 그 자신의 시편 중 형식상 호흡이 긴 산문시격인 "뜨거운 눈물은 흐르고 다시 한번 청명한 하늘 위 별을 본다 변함없이 수신을 보내는 별들, 너희들은 내 운명을 알고 있는가 나를 붙잡을 수 있는 힘은 다하여 가고 나에게 힘을 주소서 감당할 수 없는 현실… 힘을 주소서 언덕 위에 부는 바람의 손을 잡으며(-바람의 몽상)"의 일례도 특이하지만, 무엇보다 "가브리엘 오른손에 든 우렁찬 나팔의 신호탄/ 강산을 뒤덮는 태극기의 물결/ 삼천만 군중이 일장기 밟는 소리/ 내 살과 뼈 흙 속에 묻어 풀 한 포기로 태어나/ 나답게 윤동주 손을 잡으리라/ 어머니! 그리운 어머니(-갈대밭 숲속의 몽환)"에서 절제된 감정에 가슴 뭉클함은 소홀하게 지나치거나 끝내 가볍게 털어낼 수 없다.

그 같은 맥락에서 혹독한 일제강점기 '살아있는 눈빛 그립다'라는 그 자신이 '선한 눈빛'을 회감懷感하며, 윤동주 시인이 처한 그 삶의 일상을 극적으로 형상화한 "바람도 구름도 별 하나까지/ 나의 것들을 빼앗아 간 일장기/ 공평하게 비추던 달빛(-태양)"은 하나의 충격으로 수인囚人의 정한情恨에는 비통함이 주어진다. 아울러 "근정전의 태극기는 힘차게 휘날리고/ 종달새도 지지배배 노래한다// 35년 일장기는 잿빛이 되고/ 섬에 갇혀 외톨이가 되었구나(-잃어버린 35년)"에서 확인되

듯 1910년 한일합방 이후 제2차 세계대전에 의한 조국 광복의 그 맞물림은 엄숙한 역사 앞에서 진실로 뼈아픈 자기성찰의 시간대임은 망각하거나 소홀하게 지나치지 말아야 한다.

3. '달빛 속에 고독한 나(個我)'의 해법

모름지기 윤동주 시인은 지극히 암울한 시대적 상황에서도 자못 외국 시인으로 구수하면서도 신경질적인 프랑시스 잠과 장 꼭도, 그리고 조국애에 불타는 나이드의 시를 즐겨 읽으며 때로는 시흥에 취해 무릎을 치기도 하였다. 비교적 그 자신은 어질고 곧은 성품의 소유자로서 라이너 마리아 릴케, 투르게네프, 폴 발레리, 앙드레 지드 등에 관심을 지녔고, 국내 시인으로 정지용, 한용운, 백석을 따랐다. 일단 한 사람의 충직한 독자라면 시대를 앞서 숨겨간 이들이 "왜, 최선을 다하지 않았는가?"라는 그 물음에 가슴 저밀 것이다. 까닭에 참담한 스탈린의 압제하에서 끝내 당파성을 뛰어넘지 못한 채 굴복하고 "내 조국, 러시아에 돌아가 노래를 부르고 싶다."라고 절규한 작곡가 드미트리 쇼스타코비치의 비극적 생애도 새삼 헤아려 볼 일이다.

또 한편 "후쿠오카 형무소는/ 계절의 봄도 가두었다"라는 「감옥에 가둔 봄」은 물론이거니와 '고문하는 자와 순순한 시인 수감자 시가 화해와 용서의 고리가 되었을까?'라는 물음 앞에서 그 자신이 이정명의 소설 「별을 스치는 바람」을 접한 뒤 "후쿠오카 형무소 인간 백정으로 불리는/ 특히 조선인 죄수를 혹독하게 다뤘던/ 지독한 검열관 스기야마 도잔은 까막눈/ 조선어로 된 책은 모조리 불살랐다(-이정명 소설 「별을 스치는 바람」)"에서의 이 같은 상황 심리는 더없이 암울하다.

 별은 꾸짖어도 반짝인다
 매를 맞아도 때리는 자를 바라보며
 용서와 화해를 이끌어낸다
 십자가의 봄을 보며
 꽃처럼 피어나는 피
 그의 피는 예수의 보혈의 피
 인류의 죄를 사하고 있구나
 청년아, 십자가의 봄을 보거라
 사방 회색벽체에 가두어진 청년아
 너의 청춘이 시들어도 시들지 않는
 오, 별은 꾸짖어도 빛난다
 매를 맞는 팽이는 더욱 잘 돈다

 - 시 「봄 그리고 봄」 전문

그렇다. 그 자신이 '꽃처럼 피어나는 피 그의 피는 예수의 보혈'을 지상에 갈 앉는 낮은 음조로 나직이 읊조린다. '봄 그리고 봄'은 계절의 봄과 시각적으로 보고 잇다는 봄이다. 봄을 볼 수 없어도 십자가를 통해서 봄을 보라고 한다. 끝에 매를 맞는 팽이 더욱 잘 도는 이 법法의 보기는 또 하나의 신선한 충격이기에 응당 시적 감동을 일깨워 주고 있다.

차제에 윤동주 시인의 첫인상이 정병욱의 회고담에 의해 세상에 밝혀졌듯이 "오뚝하게 솟은 콧날, 부리부리한 눈망울, 한일(一) 자로 굳게 다문 입, 그는 한 마디로 미남이었다. 투명한 살결, 날씬한 몸매, 단정한

옷매무새, 이렇듯 멋쟁이였다."라며 『잊지 못할 윤동주의 일들』(나라 사랑, 1976)에서 술회하고 있다. 기실 안타깝게도 그의 생애는 불과 '27년 1개월 16일' 밖에 안 되지만, 아명인 해환海煥과 달리 암울한 삶을 마감했다. 한편 '키에르 케고르의 십자가 끌어안고 큰 별이 지던 날 인왕산도 울었다'라는 박성진 시인의 각별한 시적 교감交感처럼 '영원한 문학청년 윤동주'가 주권 없는 나라에서 시심을 키우며 불꽃처럼 살다간 짧은 생애 중 "계절이 지나가는 하늘에는 가을로 가득 차 있습니다 (-윤동주의〈자화상〉)"라는 '청운동 하숙생 시절'을 헤아리면 멀리 보이는 인왕산의 풍경은 더없이 아득해 몽환적이다.

여기서 호흡이 단조롭게 2년 6행으로 시 의미를 응축하여 처리한 "거친 폭풍우 몰아치던 그 날/ 키에르 케고르의 십자가 끌어안고/ 큰 별 지던 날 인왕산도 통곡했다(-인왕산 별)"에서 수사적 기법의 시적 묘취妙趣는 가시적이다. 무엇보다 박성진 시인이 고뇌 끝에 묶어내는 제4 시집 간행 의미와 가치야말로, 치밀한 귀금속 감정가의 안집과 투명한 시선으로 윤동주 시인의 삶과 시문학에 각별한 관심과 열정을 지닌 끝에 스키마(schema)를 키워드로 새로운 붓 터치와 기법으로 꼼꼼히 모사模寫하고 또 그 자신의 사고가능성思考可能性을 확장하여 재현再現한 창조적 결과물은 엄격한 개아적個我的 차별성이 빛난다.

결론적으로 '비공인의 입법자'로서 다정다감한 심성의 소유자인 박성진 시인에게 거는 기대감은, '행복한 언어의 집을 짓는 시인의 몫'을 감당하는 막중한 역사적 과업의 수행이다. 까닭에 그 자신이 윤동주 시인의 시격詩格에 초점을 맞춰 신선한 활력을 불어넣고 순수 서정시가 배척받는 현상에서도 연대기술적年代記述的 측면에서 시적 상상력에 적절히 배치한 시적 대처는 이채롭다. 그렇다. '강직한 지조와 체취, 그리고 육성'을 소통 기표로 발신한 정신작업은 후학으로서 응당 담당할 시대적 소임이기에 지극히 인간적이다. 모쪼록 극단주의로 치닫는 삶의 일상에서 '세상을 견딜 수 있는 것은 오직 예술뿐인 연유'로 "나한테 주어진 길을 걸어가겠다."라는 존귀한 별의 시인 윤동주의 지고지순한 민족정신을 '바람의 초상肖像'으로 켜켜이 지켜낸 박성진 시인의 창조행위인 시집 간행은 끝내 시사적이다.

 '비공인의 입법자'로서 다정다감한 심성의 소유자인 박성진 시인에게 거는 기대감은, '행복한 언어의 집을 짓는 시인의 몫'을 감당하는 막중한 역사적 과업의 수행이다. 까닭에 그 자신이 윤동주 시인의 시격詩格에 초점을 맞춰 신선한 활력을 불어넣고 순수서정시가 배척받는 현상에서도 연대기술적年代記述的 측면에서 시적 상상력에 적절히 배치한 시적 대처는 이채롭다.

박성진 제3시집

초판 인쇄	2024년 8월 27일
초판 발행	2024년 8월 30일

지 은 이	박성진
펴 낸 곳	도서출판 책나라
등 록	110-91-10104호(2004.1.14)
주 소	㉾ 03377 서울시 은평구 녹번로 3가길 14, 라임하우스 1층 101호
전 화	(02)389-0146~7
팩 스	(02)289-0147
홈페이지	http://cafe.daum.net/sinmunye
이메일	E-mail / sinmunye@hanmail.net

값 13,000원

ⓒ 박성진, 2024
ISBN 979-11-92271-31-6

* 이 책 내용의 전부 또는 일부를 재사용하려면
  저작권자와 도서출판 책나라 양측과 협의하여야 합니다.
* 저자와의 협의에 의하여 인지를 생략합니다.
* 파본은 구매 서점에서 교환하여 드립니다.